AF450240

Nicoletta Mencarini

Destinazioni

Nicoletta Mencarini

Titolo | Destinazioni
Autore | Nicoletta Mencarini

ISBN | 978-88-27835-28-9

© Tutti i diritti riservati all'Autore
Nessuna parte di questo libro può essere riprodotta senza il preventivo
assenso dell'Autore.

Youcanprint Self-Publishing
Via Roma, 73 - 73039 Tricase (LE) - Italy
www.youcanprint.it
info@youcanprint.it
Facebook: facebook.com/youcanprint.it
Twitter: twitter.com/youcanprintit

Vaghe stelle dell'orsa, io non credea
tornare ancor per uso a contemplarvi

(Giacomo Leopardi, Le ricordanze, vv.1-2)

Prefazione

Perché "Destinazioni". Una poesia è un viaggio, e come tutti i viaggi ha una destinazione anche se non tutti i viaggi hanno destinazioni stabilite. A volte si stabilisce un itinerario e poi da lì si approda ad un luogo o a luoghi non immaginati prima. Si diventa in qualche modo esploratori, nel senso vero del termine, ovvero assorbiamo dentro di noi il sapore, l'odore di quei luoghi e nello stesso tempo lasciamo qualcosa di noi stessi.

Questa è la bellezza di ogni viaggio, anche quando ritorniamo in posti già conosciuti, perché siamo sempre diversi dalla prima volta e sentiamo e viviamo quei luoghi in maniera differente, e anche perché gli stessi mutano con le stagioni: la luce che li illumina, le persone che li hanno visti, li hanno trasformati.

Una destinazione è qualcosa da cui partiamo ed è anche un punto di arrivo; non sappiamo mai con certezza cosa troveremo e cosa riporteremo con noi al nostro ritorno: sensazioni, emozioni, un alito di vento tiepido, un fiocco di neve, uno sguardo, una stretta di mano.

Una montagna, un lago, diventano il paesaggio interiore in cui si riflette e si plasma la nostra anima, e attraverso le parole il poeta descrive questo momento in cui la natura è soggetto poetico con una sua voce, una sua storia. Un altro elemento è il tempo che scandisce la vita di ognuno di noi, il tempo stagionale, il freddo dell'inverno, il caldo dell'estate, la luce mutevole del giorno, il buio della notte; ma anche il tempo della vita umana, con il trascorrere dell'età, delle generazioni, il tempo della nascita, il tempo dell'amore, il tempo che è divenire della vita.

Destinazioni è tutto questo o forse niente di tutto questo. Lasciamo al lettore il potere di decidere se rispecchiarsi nelle destinazioni del poeta e se trovare un senso comune nelle parole pronunciate dalla poesia.

L'autrice

Alba

Luce e oscurità.
Sole.
Nuvole che
corrono libere
nell'azzurro dei tuoi occhi

Altre terre

Altre terre
appaiono all'orizzonte,
aspre,
a sfiorare quasi il cielo
le cime.
Irraggiungibili tra
i boschi, ampi
spazi di verde
dove mandrie placide
pascolano l'erba novella.
D'intorno, nelle valli,
aguzzi campanili e
arroccate case a
difesa dai giganti rocciosi,
un ruscello
scivola tra algide rive
imbiancate,
evitando rocce
affioranti dal fondo.
Silenziosi abeti
ne circondano i bordi,
guardiani dei loro signori.
E incantato lo sguardo
da tanta vergine bellezza,
si immerge stupito
a disvelare le orme
di antichi abitanti,
voci sommesse di leggende
ai fuochi scoppiettanti,

per non svegliare
i giganti addormentati.

Anima mia

Non c'è pace
Anima mia!
Al vento ti pieghi,
ma la tempesta
non ti abbatte.
Alito di vita
che scorre
nelle tue vene,
inarrestabile
sotto il peso
del dolore
che ti conduce
per mano
tra i deserti infuocati
e le lussureggianti montagne.
Vaganti onde di mare,
primordiale stato di coscienza,
smarrisci la via
tra torrenti di lacrime
e impetuose cascate
d' angoscia.
Cos'è la vita
Anima mia?
Tra le città
ti aggiri
in un mondo di facce
sconosciute,
scrutanti l'involucro
che tiene

questo scomposto
insieme
di mani,
di braccia,
di gambe,
di occhi.
E non si
accorgono
del sanguinolento
cuore strappato
dal petto,
sui scarni seni inariditi
che un tempo hanno nutrito
teneri cuccioli indifesi.
Cos'è la vita
Anima mia?
Le mani a cui aneli ancora
per aggrapparti
nelle tempeste,
per cullarti all'ombra
del sole cocente
e nell'oscurità del buio
notturno,
ti hanno abbandonato
sola, piangente, indifesa,
orfana creatura
in un mondo alieno.
E tu, Anima mia,
dolce, fragile,
amorosa amante,
Anima mia,

mai doma
tra i flutti
e i venti impetuosi
dell'umano cammino.

Bambini impauriti nella notte

Bambini impauriti
nella notte, stretti
l'uno all'altra
tremanti nel buio,
gli occhi spalancati
nell'oscurità,
indifesi,
soli,
fradici
sotto la tempesta
assordante
che si avvicina
rombando.
Bambini impauriti
nel buio della notte,
smarrita è la via del ritorno,
mani pietose ci accolgono
verso un accogliente
e sicuro riparo.
Domani, chiara
apparirà la strada
tra le pozze d'acqua
delle nostre lacrime,
e ci terremo ancora
una volta per mano
lungo la strada
delle nostre vite.

Città antiche

Cammino fra le pietre grigie,
un passo dietro l'altro.
Muri scrostati dal tempo,
fra manifesti sbiaditi.
Porte si chiudono
celando vite sconosciute.
Piccioni si posano titubanti
su muretti rivestiti di muschio.
Magri gatti di strada
si aggirano guardinghi.
Ti cerco tra le antiche
pietre grigie
Padre-bambino,
i tuoi occhi scuri
spalancati
per non smarrire
la via del ritorno.
Ti cerco
Padre-ragazzo
a scrutare voglioso
forme femminili
di giovani ed eleganti signore
sul corso.
Ti cerco
Padre-fuggiasco
tra le bombe di una guerra
che ti ha strappato

al tuo giovane amore.
Ti trovo
Padre amoroso
nelle storie
raccontate sulle vie
e nelle piazze,
tra panorami d'estate
e il vento che ancora
strapazza i vicoli,
mulinando scontroso
attorno agli antichi palazzi.
Ti trovo
Padre
nella stretta dolce e calda
delle tue dita sicure
sulla mia mano bambina,
che guidi i miei passi
in questa città antica.

Conosco bene

Conosco bene
questi luoghi amati,
li sento
nella carne,
scorrono nelle vene:
il vento
che agita i canneti,
panorami
d'acqua lacustre
a volte calma e serena,
sdraiata tra le verdi colline,
a rimirare i suoi domini,
a volte furiosa e agitata
quasi in preda a
ire nascoste
contro il cielo plumbeo,
sbattuta dal vento
che imperioso
allontana le nuvole
per far posto a un
profondo e azzurro
orizzonte
che lo sguardo si smarrisce
nell'infinito
confine impossibile
tra acqua e terre.
Ritorna allora
lo sguardo
ai sentieri,

al borgo antico,
quasi un approdare
a sicuro porto
da dove è iniziato
il cammino,
a dove tornerà,
immerso
nel verde incontaminato
delle rive.

Dell'amore e della vita

Prima parte

All'inizio eravamo
tu ed io
a scrutarci nel profondo
degli occhi.
Mi perdevo nell'azzurro
dei tuoi occhi.
E il mio cuore sobbalzava
al tocco della tua mano
sulla mia.
Mi aspettavi e io arrivavo,
leggero e lieve era
il mio passo
per raggiungerti
dove mi guidava
la tua mano.
E il mondo intorno
a noi si faceva deserto,
quasi complice della nostra
primitiva intesa,
e noi –soli- danzavamo
l'eterna stagione
dell'amore.

Seconda parte

Gli oleandri fioriti
ci seguivano
sulla strada,
cornice
della nostra fuga d'amore,
teneri e felici
i nostri baci,
le dita intrecciate
a disegnare
i nostri abbracci
inconsapevoli,
ovunque andrai
ti seguirò,
ci dicevamo,
le nostre promesse
al cielo,
al sole,
alla luna,
sussurrate sulla pelle
sudata che odorava
di mare,
di vento.
E di notte,
le stelle che si specchiavano
vanitose sulle onde scure
illuminavano
il nostro segreto rifugio.

Terza parte

Calle bianche,
un brindisi,
due bicchieri,
si toccano gli sguardi:
tu, sicuro e sorridente,
io, timorosa e timida,
nel mio ventre
un piccolo cuore batteva
il ritmo della vita.
Terra promessa,
costruivamo
il nostro nido,
il futuro
si spalancava
davanti a noi
inebriante,
negli spazi infiniti
di sogni a occhi
aperti
coglievamo le stelle
dal cielo notturno
come fiori di primavera.

Quarta parte

Nei giochi di bimbi
guardavamo la vita
fiorire,
davanti a noi
si aprivano
orizzonti inattesi
di nuvole grigie
e di soli cocenti.
Si aggrappavano
le nostre mani
nelle tempeste,
si accarezzavano
su spiagge tropicali
tra isole di pace o
impetuosi venti.
Ci stringevamo l'uno all'altra
per non perderci
in aridi deserti,
lacrime tracciavano
fiumi di tristezza
sul mio volto,
il tuo sguardo allontanava
le mie angosce più oscure
e i nostri sorrisi
il mondo.

Quinta parte

Uno sguardo
di bambina
ci ha incatenato
per sempre
all'albero delle nostre vite.
I suoi occhi, il suo odore,
il suo sorriso,
nominarci
per quello che siamo,
per il tempo trascorso,
per il tempo che ci resta.
Fiore sbocciato
tra i rami delle nostre
esistenze
cresce
forte e rigoglioso,
speranza i suoi frutti
profumati,
alla cui ombra
si riposeranno
le nostre anime
al tramonto.

Di me ti resterà

Di me di resterà
una manciata di parole,
ricordi accatastati
tra la polvere di frasi
non dette.
Di me di resterà
un letto sfatto,
un vestito sgualcito,
un libro aperto
sul comodino
tra rose sfiorite e
biglietti d'amore
ingialliti.
Di me ti resterà
una foto tra mille,
giorni sospesi
tra lacrime e silenzi.
Di me ti resterà un sorriso
e promesse d'amore
liberate dal vento
in una notte d'estate.

.

Domenica d'inverno

Bruma sulla collina,
alberi scheletriti
allungano i loro rami
come braccia contorte e
rinsecchite,
le ultime foglie tenacemente
abbarbicate
ad un'esile speranza di vita.
Ogni anelito si è addormentato,
ogni speranza dissolta,
smarrita
nel gelido abbraccio
dell'inverno.
Non so
questa inquietudine
che mi assale dentro,
forse la nebbia
che oscura l'orizzonte
coprendo ogni cosa
come un manto
di disperazione.
Non so
l'inquietudine
che mi sale dentro
mentre guardo
la bruma
che scende sulla collina.

Estate

Cime riarse,
nudi i pendii
erbosi,
alberi piegati
dal caldo soffocante,
foglie ingiallite,
accartocciate
fra chiazze
di residuo verde.
Immota calura,
anche i pensieri
vagano incerti,
quasi sospesi
nell'aria ardente.
Poche cicale, immobili
fra le rade fronde,
con i loro scarni
versi scandiscono
il tempo nell'afoso
meriggio.
Si infiltra nelle
profumate pinete
una rara brezza,
lieve promessa
di futura frescura.
E le stelle si affacciano
nell'oscurità silenziosa,
mentre la luna splendente
si specchia nel

profondo lago
dei tuoi occhi.

Foglie

Fatti di vento
sono
i miei pensieri,
girandole dell'anima,
foglie sparse
nel deserto del cuore,
foto ingiallite,
lettere d'amore
strappate.
Foglie sbattute
dal vento
sono i miei pensieri
abiti smessi
ricordi
di esistenze trascorse.
Foglie
i miei pensieri,
trascinati
da questa vita
che tutto prende
e tutto pretende.
Forse,
restano solo
foglie ingiallite
sbattute dal vento.

Il mio cuore

Attonito il mio cuore
scandisce un tempo non suo,
vola il pensiero
verso fantasie infantili
rincorrendo sogni
rubati.
Stordito il mio cuore
dalle urla di un tempo
che sbrana i sentimenti,
annichilisce i sensi.
Stanco il mio cuore,
incapace di reinventare
storie nuove
dentro questo grigio
presente.
Non più lacrime,
non più gioia,
non più dolore
a dissetare questo
tempo inaridito.
Forse, chiudere
gli occhi del cuore
e lasciarsi portar via,
così, inesorabilmente
dalla corrente.

Il tempo lascia

Il tempo lascia
orme indelebili
negli sguardi
di chi passa.
Non si sfiorano
i pensieri, avvolti
in armature
inespugnabili.
Intorno a me
volti sconosciuti,
frettolosamente
si perdono
nelle strade
delle loro vite.
Ed io ancora
sconosciuta a me stessa,
mi specchio
in questo cielo autunnale,
fra nuvole di pioggia
e tersi squarci di azzurro.

IL Tempo

Lo scorrere del tempo
sfugge dalle mie dita
come vento che scompiglia
i capelli,
ascolta il battito
veloce del cuore.
Tra le pieghe dell'anima,
guardo
i fotogrammi degli anni,
indietro fra i ricordi
riposti.
Bambini felici
nei campi,
a raccogliere fiori
nel sole cocente d'agosto.
Scambi di sguardi,
labbra si sfiorano timide
a disegnare geografie
su corpi sconosciuti,
pelle su pelle,
dita intrecciate
nell'attimo
di un sospiro.
Profumo di bimbo,
sapore di latte,
culle di braccia
per farlo addormentare.
Ninne nanne, canzoni
inventate per farlo sognare.

Un germoglio che cresce,
diventa più grande,
estende i suoi rami,
nelle tempeste
pianta radici,
al sole cocente
la sua ombra ristora,
al gelo resiste.
Il tempo verrà
a raccogliere frutti,
farà ghirlande di fiori,
danzando
in un mare di stelle.

Incubi

Ombre scure
si addensano nella notte.
Neri fantasmi
emergono
dalle profondità del sonno.
Si accoppiano
in macabre danze
negli anfratti bui
della mente.
E io li sento alitarmi
addosso
con i loro fetidi fiati,
e spero che arrivi
presto il giorno
chè la luce li risospinga
nel loro scuro inferno,
sbarrando le porte dell'anima mia
per la prossima notte.

La mia bambina

La felicità
è la risata
della mia bambina.
Una ciocca di capelli
le copre la fronte,
con la manina la scansa,
concentrato il suo sguardo
sui segreti del mondo.
Fiori raccoglie
nei prati inariditi,
disegna arcobaleni
variopinti
in cieli di pioggia.
E quando la luna appare,
l'appende fra le stelle
dei suoi sogni,
fra le fate ed i mostri,
cullandosi nel suo scintillante
chiarore.

**La primavera
(suggestioni dalla Primavera di Botticelli)**

Guardo il mondo
dall'alto
dei miei pensieri,
passi mi accompagnano
su tappeti fioriti,
teneri germogli
si aprono dolcemente
ai raggi tiepidi
del sole.
Lontano,
attraversa il cielo cobalto
una candida scia,
che disegna
l'orizzonte placido
delle colline
ridestate dal sonno invernale.
Gli occhi si immergono
nell'immacolata sinfonia
dei colori nuovi e
Bellezza, incoronata di rose,
mi circonda,
danzando
l'eterno
rinnovarsi della vita.

Le tenevo la mano tiepida

Le tenevo la mano tiepida
nell'assolato meriggio,
gli alberi emanavano
ombre sparute,
quasi rincorrendosi
tra un filare e l'altro.
Sul marciapiedi
scarni fili d'erba scheletriti
ingialliti dal sole d'agosto
penetravano l'asfalto
bollente, tra vapori di aria calda
e umidiccia.
Le tenevo la mano tiepida
nell'assolato meriggio,
regolare era il battito
del suo cuore sul polso
tremolante.
Pochi passanti piegati dal caldo
cercavano
le auto tremanti
per l'afa che saliva
ingenerosa
dalla strada.
Le presi la mano tiepida
per portarla nel mio cuore,
al riparo dal dolore,
in mezzo a

un infinito mare
d'erba verde.

Nei lunghi e sconfinati

Nei lunghi e sconfinati
Inverni
ti lascio una carezza,
un sorriso di fragola,
un sussurro d'amore,
dove le foglie cadute
ricoprono la terra gelata.
Nei lunghi e sconfinati
Inverni
ti lascio una canzone
mai finita,
una rosa ingiallita
tra le pagine
dei nostri ricordi.
Nei lunghi e sconfinati
Inverni
ti lascio un bacio
sulla bocca,
un sogno d'amore,
un fuoco acceso
al tramonto.
Nei lunghi e sconfinati
Inverni
ti lascio la mia anima
perché tu
la custodisca
dal gelo della notte.

Nuvole

Respiro
l'odore del cielo,
la sera si dipinge
speranzosa
in queste
nuvole vaganti,
i miei pensieri
fuggono
rincorrendosi
liberi,
capricciosi,
ribelli
in questo cielo
mai eguale
eppure
sempre lo stesso.

Onirica

La notte avanza
con il suo esercito
di sogni,
non si placa
l'anima fuggente
dal chiaroscuro
della sospesa coscienza.
Accesi lumi
rimandano a
incontri
di conosciute ombre.
Personaggi-manichini
recitano trame
inconsce,
fluttuando
nei profondi oceani
della mente.
Velate figure
mascherate
danzano volteggiando
dentro teatri scrostati.
Si dissolvono
le notturne ombre
nella lattiginosa
alba del nuovo giorno.

Passeggiata d'inverno

Nel vento gelido,
tappeti di foglie
scricchiolano
indispettite
ad ogni mio passo,
piegate le cime nude
degli alberi
si arrendono
all'oscurità
che come un nero manto
si avvicina,
alitando presagi.
Le onde
stramazzanti
si frangono
esauste
sulle rive rocciose.
Uno svasso
si immerge
nelle acque torbide,
folaghe
si stringono
al riparo dei canneti
sconvolti dal vento.
Lontano,
luci di case
accese

richiamano
al ritorno.

Passeggiata

Tra gli olivi
la voce del vento
che si aggrappa
ai cespugli,
ascolta intenerita
i passi dei viandanti
sul sentiero,
un tiepido sole
accarezza
i volti affaticati.
Rocce spuntano
tra l'erba
indicando la via.
Aggrappati sui
tronchi spessi,
tra le nodose radici
muschi verdeggianti.
Dalla volta dei
rami intrecciati
all'aperto panorama,
borghi
di case abbandonate,
antichi santuari,
emergenti sopra la
sinuosa collina,
invitano al silenzio
incontaminato dei boschi.
Abbraccia lo sguardo
la pianura,

immagina lontani
sudori di vite
scivolate nel tempo.

43

Per Alice

Amore di pappa,
amore di latte
manine curiose
di storie inventate.
Amore di notte,
amore di giorno,
amore di giochi
e colorati pupazzi.
Amore di cielo,
amore di erbe,
profumati sentieri
di boschi incantati.
Amore infinito,
stella che brilla,
chiaro di luna
girotondo di fate.
Amore di mare,
castelli di sabbia,
farfalla che vola
farfalla che resta.
Amore di fiori,
fiocchi di neve,
giostra che gira,
trenino che fischia.
Amore dormiente,
musica lieve,
culla di braccia,
sogni dorati
di luoghi fatati.

Fra le tue ciglia
un sospiro rubato
racconti di fiabe,
di un magico mondo
immaginato.
Fra le tue ciglia
respiro il tuo sonno,
guardiana di mostri
per non far più ritorno.
Fra le tue ciglia
respiro la vita
che batte veloce
e scorre infinita.

Qualcuno da stringere nella notte

Qualcuno
da stringere
nella notte
quando
i sogni spezzati
si spalancano
al buio.
Qualcuno
da stringere
nella notte
gelida dell'inverno,
la mano
che afferra
i pensieri
impauriti,
inafferrabili
del sonno indifeso.
Qualcuno
da stringere
nella notte,
il battito
della vita accogliente.
Ti stringo
nella notte,
le braccia
a cercare un rifugio
dalle macerie fumanti

dell'anima.

Riemergo dal profondo pozzo

Riemergo dal profondo pozzo
aggrappata al bordo
della mia angoscia,
il respiro ancora ansimante,
e stanco,
e triste.
Rivedere la luce,
farsi alba e poi giorno,
squarci di cielo azzurro,
fra spumeggianti nubi
che fuggono veloci
trasportate dal vento.
E sentire la terra morbida e fresca
sotto i miei piedi
come un naufrago approdato
su una sconosciuta spiaggia,
in salvo dalla cieca rabbia
dell'Oceano.

Se mi chiedessi

Se mi chiedessi
la luna,
mi arrampicherei
fino al punto più alto
della Terra
per afferrarla
e, tenendola stretta,
la porterei da te.
Se mi chiedessi
le stelle
mi imbarcherei
su una nave
a raccogliere
stelle
fra le onde dell'Oceano.
Se mi chiedessi
il cuore
me lo strapperei
dal petto
e te lo darei
su un piatto d'argento.
Se mi chiedessi
la bocca
con parole e baci
ti ripeterei
fino all'ultimo respiro:
ti amo.

Solitudini

L'uomo che passa
senza guardare,
l'anima serrata
dentro gli occhi.
Bambini ridono,
schiamazzando,
dentro a un gioco
immaginato,
si rincorrono felici
nel vento
che gli arrossa gli occhi.
Un gatto si nasconde
sotto un cespuglio
rinsecchito,
fra giungle d'erba
secca e arida.
Si rincorrono
come nubi tempestose
in questo ingrigito
cielo d'autunno,
solitudini.

Tu non sai

Tu non sai
quante volte
ho gridato
nel silenzio
della notte.
Tu non sai
quante volte
ho pianto
stretta al cuscino
di un letto gelido
e vuoto.
Tu non sai
quante volte
nel buio della stanza
ho invocato
il tuo nome.
Ti negasti
sempre a me:
indifferente,
altezzosa,
irraggiungibile.
Amaro veleno
ho assaggiato
dalle tue labbra
e anche ora
che sei un putrido
cadavere nella terra

dei morti
desidero, pazza,
un tuo
abbraccio,
un blando sorriso,
un segno materno.

Un luogo

Un luogo ameno
circondato dai boschi
difronte
a un placido lago,
attorniata dai
miei amati libri,
e quadri e fotografie
di volti così amati
che non potrei
da me tener lontani.
Un luogo ameno
immerso
nel verde scuro
delle elevate montagne,
ricoperte dalla nebbia
mattutina,
vaporosa come un velo di sposa,
vedere timorosi daini,
intenti a brucare sospettosi
l'erba dei prati,
e correre
a rifugiarsi nel cuore
del bosco,
da occhio umano
lontani.
Il placido lago
dei luminosi tramonti

che dipingono
dorate scie
sulle variopinte acque,
che il sole sembra immergersi
per rinfrescarsi
dopo il lungo giorno.
E vedere
solcare le acque
barche di pescatori
che gettano le reti,
tra voli di folaghe
e stridii di gabbiani
intorno, intenti
a carpire le prede
che si dibattono
tra le maglie.
E ammirare
il maestoso airone
innalzarsi
sovrano,
scontroso,
sfuggente
sopra il lago,
a cercare un posto
nascosto tra le rive.

Vent'anni

I ragazzi che si guardano
al tramonto
hanno il futuro
negli occhi,
la luce li sorprende
all'alba,
mano nella mano
a cercare
culle in cui rifugiarsi.
I ragazzi che si guardano
al tramonto,
camminano
su un sentiero di stelle,
incuranti dei passanti,
attraversano l'aria
intrecciando le dita.
I ragazzi che si guardano
al tramonto,
danzano la vita,
colorando
paesaggi di città,
si rincorrono
invisibili nella tenera
attesa della notte.

Vita

L'erba che cresce
sulle tombe
son lamenti
innalzati alle
esistenze trascorse,
invocazioni
di tempi perduti,
passati per sempre.
Vita,
miserabile vita,
sei tu fata
o strega
che elargisci
in diseguale misura
dolore e gioia?
Folle
chi si confida
e si affida
alla tua misericordia.
Tu, vita,
scorri inesorabile
e nascondi
i tuoi oscuri segreti
nel fiorire
degli anni.
Senza via di scampo,
siamo esili fili d'erba

aggrappati
ad un arido
suolo
di tombe.

Finito di stampare nel mese di Giugno 2018
per conto di Youcanprint *Self-Publishing*

www.ingramcontent.com/pod-product-compliance
Lightning Source LLC
LaVergne TN
LVHW041437170726
843492LV00008B/2662